Gerlinde Weis

Mainz

deutsch english français

Wartberg Verlag

Bildnachweis
Alle Bilder von der dpa Picture-Alliance GmbH mit Ausnahme der Seiten 10, 12 u., 16 u. li., 16 u. re., 17, 19, 21, 24, 35 o. li, 35 u. li., 36, 37, 38, 42 li., 45 o., 50, 53, 54, 56, 58 o., 60 von Gerhard Kalteyer, Seite 22/23 von Stefan Rehm und der Seiten 70, 71 von Adolf Lott.

Übersetzungen
Anja Reuthe (englisch)
Annie Carroy-Schwarz (französisch)

1. Auflage 2010

Layout und Satz: Christiane Zay, Bielefeld
Druck: Bernecker MediaWare GmbH, Melsungen
Buchbinderische Verarbeitung: Büge, Celle

34281 Gudensberg-Gleichen, Im Wiesental 1
Telefon: 0 56 03 - 9 30 50
www.wartberg-verlag.de
ISBN 978-3-8313-2308-1

Vorwort des Ministerpräsidenten

Gerne gebe ich dem fotografischen Spaziergang durch Mainz ein Vorwort mit auf den Weg, denn ich bin seit mehr als 30 Jahren Wahl-Mainzer. In all den Jahren habe ich unsere Landeshauptstadt schätzen gelernt.

Die älteste Hauptstadt Deutschlands ist seit der Römerzeit eine Metropole: Mainz war Kommandozentrum der römischen Provinz „Oberes Germanien". Die Stadt war über viele Jahrhunderte der Sitz der größten Kirchenprovinz. Der über 1000-jährige Dom zeugt davon. Aber nicht nur für das Christentum gingen von Mainz Impulse für ganz Europa aus. Hier lebte auch eine bedeutende Judengemeinde mit einer berühmten Rabbinerschule. Mainz litt besonders unter dem Zweiten Weltkrieg. Fast die gesamte Innenstadt wurde zerstört. Die Stadt hat danach wieder an ihre alte bedeutende Rolle angeknüpft. Mainz hat seine Chance genutzt. Die Stadt Gutenbergs ist nicht nur die größte Metropole von Rheinland-Pfalz, sondern auch eine bedeutende Universitätsstadt. Das ZDF, das Landesstudio des Südwestrundfunks sowie berühmte Verlage prägen Mainz als Medienstadt. Der Sitz großer Unternehmen macht die Stadt zu einem Wirtschaftszentrum. In den vergangenen Jahren hat Mainz an kultureller Bedeutung gewonnen, zum Beispiel wurde aus dem Stadttheater ein Staatstheater. Nicht zuletzt erwähne ich den 1. FSV Mainz 05.

Ich kann feststellen: Es lohnt sich, in Mainz zu arbeiten, zu leben und seine Freizeit zu verbringen. Dazu trägt ebenfalls die Mainzer Fastnacht bei. Nicht nur „Weck, Worscht und Woi", sondern auch die spezielle Lebensart und Toleranz, die man am besten mit den Worten „leben und leben lassen" umschreibt, gehören dazu. Aus der nach dem Zweiten Weltkrieg tot geglaubten Stadt hat sich eine Landeshauptstadt entwickelt, deren Lebendigkeit, Lebenslust und Heiterkeit weit über die Grenzen unseres Landes hinaus geschätzt werden.

In Mainz ist beispielhaft für unser ganzes Land zu spüren, dass Rheinland-Pfalz sich zu einer „Herzkammer" Europas entwickelt hat. Sicherlich wird Ihnen dies auch bei Ihrem fotografischen Spaziergang durch Mainz bewusst werden.

Kurt Beck
Ministerpräsident von Rheinland-Pfalz

Aus der Mainzer Stadtgeschichte

Moguntiacum – Die römische Stadt (1. – Anfang 5. Jh.)

um 38 v. Chr.	Vermutlich erstes römisches Feldlager
um 13 v. Chr.	Gründung von Mainz durch den römischen Feldherrn Drusus auf dem Kästrich
	Mainz wird zur Provinzhauptstadt von Obergermanien
um 300 n. Chr.	Am heutigen Südbahnhof errichten die Römer das größte Bühnentheater nördlich der Alpen mit rund 10.000 Plätzen
um 450 n. Chr.	Die Römerherrschaft am Rhein endet

Aurea Moguntia – Mainz im Mittelalter (5.–15 Jh.)

745	Missionar Bonifatius erhält das Bistum Mainz
975	Erzbischof Willigis legt den Grundstein für den Bau des Doms St. Martin
1184	Reichsfest Kaiser Barbarossas: das prächtigste Fest des Mittelalters findet auf der Maaraue statt
1212	Kaiser Friedrich II. wird im Mainzer Dom zum König gekrönt
1254	Mainz gründet mit anderen Städten den Rheinischen Bund
um 1450	Johannes Gutenberg erfindet den Buchdruck mit beweglichen Lettern
1452–1455	In Gutenbergs Werkstatt werden rund 180 Bibeln in lateinischer Sprache gedruckt
1468	Am 3. Februar stirbt Gutenberg als Hofmann des Erzbischofs in Mainz

Das kurfürstliche Mainz (1462–1792)

1477	Gründung der Universität durch Erzbischof Diether von Isenburg
1631–35	Besetzung durch schwedische Truppen
1644–50	1. Besetzung durch französische Truppen
1688–98	2. Besetzung durch französische Truppen
1695–1729	Unter Erzbischof und Kurfürst von Schönborn entstehen einige der schönsten Barockbauten von Mainz

Mayence – Das französische Mainz (1792–1814)

1792/93	3. Französische Besetzung und Ausrufung der „Mainzer Republik“
1798–1814	Mainz wird Teil des französischen Staates und Hauptstadt des Départements Donnersberg; ab 1804 wiederholte Aufenthalte Napoleons in der Stadt

Die Festungs- und Provinzialhauptstadt (1814–1914)

1816	Durch die Beschlüsse des Wiener Kongresses wird Mainz dem Großherzogtum Hessen-Darmstadt zugeschlagen und neue Hauptstadt der Provinz Rheinhessen; Mainz bleibt von Preußen und Österreich gemeinsam besetzte Festung des Deutschen Bundes

1826	Dampfschifffahrtsgesellschaft für den Mittelrhein wird gegründet
1837/38	Beginn der organisierten Fastnacht mit der Mainzer Ranzengarde von 1837 und dem Mainzer Carnevals-Verein von 1838
1872	Große Stadterweiterung (Mainzer Neustadt)
1885	Bau der ersten festen Straßenbrücke nach Kastel seit der Antike

Erster und Zweiter Weltkrieg (1914–1945)

nach 1918	Entfestigung
1938	Brand der Synagogen in der Hindenburg- und Flachsmarktstraße
1942–45	Bombenangriffe zerstören rund 80 Prozent der Mainzer Innenstadt
1945	Mainz wird zunächst von US-amerikanischen, dann von französischen Truppen besetzt. Abtrennung der rechtsrheinischen Stadtteile durch die amerikanische Militärverwaltung

Die Landeshaupt- und Universitätsstadt ab 1946

1950	Mainz wird Hauptstadt von Rheinland-Pfalz
1962	Zweitausendjahrfeier
1962	Mainz wird Sitz des Zweiten Deutschen Fernsehens, Gründung des Stadtteils Mainz-Lerchenberg
1974	Inbetriebnahme des ZDF-Sendezentrums auf dem Lerchenberg
1978–85	Marc Chagall entwirft die Glasfenster für St. Stephan
1980	Besuch von Papst Johannes Paul II.
1989	US-Präsident Georg Bush besucht Mainz
2000	Mainz feiert den 600. Geburtstag von Johannes Gutenberg; Reste eines Tempels aus römischer Zeit werden bei Bauarbeiten gefunden (Isis-Tempel)
2005	US-Präsident George W. Bush besucht die „Geisterstadt“ Mainz
2008	Eröffnung Kunsthalle
2009	1000 Jahre Willigis-Dom

A glimpse into the history of Mainz

Moguntiacum – The roman stronghold (1st – 5th century)

around 38 BC	Probably first Roman military camp
around 13 BC	Roman general Drusus founds Mainz on the "Kaestrich"
	Mainz becomes the capital of the province of Upper Germania
around 300 AD	At the currant location of the central station the Romans set up the largest Roman theatre north of the Alps which comprised around 10.000 seats
around 450 AD	The Roman regency on the Rhine ends

Aurea Moguntia – Mainz in the Medieval Age (5th – 15th century)

745	The Missionary Saint Boniface receives the diocese of Mainz
975	The Archbishop Willigis lays the corner stone for the construction of the cathedral of St. Martin
1184	Festival of the Reich of the Emperor Barbarossa: This most glorious festival of the Medieval Age is held at the Maaraue
1212	Coronation of Frederick II in the Mainz Cathedral
1254	Mainz and other cities are founders of the Rhine league
around 1450	Johannes Gutenberg invents the printing with movable letters
1452–1455	Gutenberg's workshop prints more than 180 bibles in Latin language
1468	On 3rd February Gutenberg dies as a member of the Archbishop's court of Mainz

The Electorate of Mainz (1462–1792)

1477	foundation of the university through the Archbishop Diether von Isenburg
1631–1635	occupation by Swedish troops
1644–1650	1st occupation by French troops
1688–1698	2nd occupation by French troops
1695–1729	The Archbishop and the elector of Schoenborn initiate the construction of some of the most beautiful buildings in Baroque style

Mayence – French Mainz (1792–1814)

1792/93	3rd French occupation and proclamation of the Republic of Mainz
1798–1814	Mainz becomes part of the French Crown and capital of the department of Donnersberg; from 1814 Napoleon stays repetitively in the city

The fortified capital of the province (1814–1914)

1816	With the resolutions of the Congress of Vienna Mainz becomes part of the region of Hessen-Darmstadt and the capital city of the province of Rhine-Hesse. Mainz, occupied by both Prussians and Austrians, stays a fortress of the German Confederation.
1826	Foundation of the steamboat shipping company of the Middle Rhine
1837/38	Launch of the official carnival with the "Mainzer Ranzengarde" from 1837 and the Carnival Association of Mainz from 1838

1872	Major enlargement of the city ("Mainzer Neustadt")
1885	Construction of the first permanent road bridge across to the citadel since antiquity

First and second World War (1914–1945)

after 1918	Slighting of the city
1938	Conflagration of the synagogues at Hindenburg- and Flachsmarktstrasse
1942–45	Bombardments destroy nearly 80 per cent of Mainz's inner city
1945	Occupation of Mainz: first by the American army, then by the French. The districts on the right side of the Rhine are separated and allocated to the American military headquarters

State capital and university town from 1946

1950	Mainz becomes the capital of the federal state of Rhineland-Palatinate
1962	Anniversary of two thousand years
1962	Mainz becomes domicile for the ZDF, the second German television station, foundation of the city district of Mainz-Lerchenberg
1974	Launch of the ZDF broadcast centre on the Lerchenberg
1978–85	Marc Chagall designs the window pane of St. Stephan
1980	visit of Pope John Paul II
1989	Us President George Bush visits Mainz
2000	Mainz celebrates the 600th anniversary of Johannes Gutenberg. During excavation works parts of a temple of the roman era are found (ISIS temple)
2005	US President George Bush visits the "ghost city" of Mainz
2008	Inauguration of the art exposition centre
2009	1000th anniversary of the Willigis cathedral

Un peu d'histoire

Moguntiacum – La ville romaine (1er siècle- début du 5ème siècle)

vers 38 av. J.-C.	Probablement premier camp romain
vers 13 av. J.-C.	Le général romain Drusus fonde Mayence sur le Kästrich
	Mayence devient la capitale de la Germanie supérieure
vers 300 apr. J.-C.	Les Romains édifient un amphithéâtre d'environ 10 000 places - le plus grand au nord des Alpes - à l'emplacement de l'actuelle gare du Sud
vers 450 apr. J.-C.	Fin de la domination romaine sur le Rhin

Aurea Moguntia – Mayence au Moyen Âge (5ème – 15ème siècle)

745	Le missionnaire Boniface est nommé évêque de Mayence
975	L'archevêque Willigis pose la première pierre de la cathédrale Saint-Martin
1184	La fête d'empire de l'empereur Barberousse, la plus somptueuse du Moyen Âge, se déroule sur la presqu'île de Maraue
1212	L'empereur Frédéric II est couronné roi à la cathédrale de Mayence.
1254	Mayence crée la Ligue rhénane avec d'autres villes
vers 1450	Johannes Gutenberg invente l'imprimerie à caractères mobiles
1452–1455	Près de 180 bibles en latin sont imprimées dans l'atelier de Gutenberg
1468	Devenu gentilhomme de la cour de l'archevêque, Gutenberg meurt le 3 février à Mayence

L'Électorat de Mayence (1462–1792)

1477	Fondation de l'université par l'archevêque Diether von Isenburg
1631–35	Occupation par les troupes suédoises
1644–50	1^{ère}occupation par les troupes françaises
1688–98	2^{ème}occupation par les troupes françaises
1695–1729	Sous l'archevêque et prince-électeur von Schönborn sont bâtis quelques-uns des plus beaux édifices baroques de Mayence

La ville française de Mayence (1792–1814)

1792/93	3ème occupation française et proclamation de la «république de Mayence»
1798–1814	Mayence devient française et chef-lieu du département du Mont-Tonnerre. À partir de 1804, Napoléon séjourne à plusieurs reprises dans la ville

La forteresse et capitale de province (1814–1914)

1816	À la suite du Congrès de Vienne, Mayence est donnée au grand-duché de Hesse-Darmstadt et devient nouvelle capitale de la province de Hesse rhénane. Le gouverneur de la forteresse de Mayence – qui demeure forteresse de la confédération germanique- est nommé alternativement par la Prusse et l'Autriche

1826 Création de la compagnie de navigation à vapeur du Moyen-Rhin

1837/38 Début du carnaval institutionnalisé avec la Ranzengarde de 1837 et l'association du carnaval de Mayence de 1838

1872 Forte expansion de la ville (ville neuve de Mayence)

1885 Construction du premier pont routier en dur depuis l'Antiquité vers Kastel

1ère et 2nde Guerre mondiale (1914–1945)

après 1918 Mayence cesse d'être une forteresse

1938 Incendie des synagogues de la rue Hindenburg et de la rue Flachsmarktstrasse

1942–45 Des bombardements détruisent environ 80% du centre-ville

1945 Mayence est d'abord occupée par les troupes américaines puis par les troupes françaises. L'administration militaire américaine détache les quartiers de la rive droite du Rhin

Capitale du Land et ville universitaire à partir de 1946

1950 Mayence devient la capitale de la Rhénanie-Palatinat

1962 La ville célèbre le 2000ème anniversaire de sa fondation.

1962 Mayence devient le siège de ZDF, la deuxième chaîne allemande de télévision ; création du quartier de Mainz-Lerchenberg

1974 Entrée en fonction du centre émetteur de ZDF sur le mont Lerchenberg

1978–85 Marc Chagall *conçoit* les vitraux de l'église Saint-Étienne

1980 Visite du pape Jean-Paul II

1989 Visite du président américain George Bush à Mayence

2000 Mayence célèbre le 600ème anniversaire de la naissance de Johannes Gutenberg. Les vestiges d'un temple de l'époque romaine sont retrouvés lors de travaux (temple d'Isis)

2005 Lors de sa visite à Mayence, le président américain George W. Bush est accueilli par une «ville fantôme»

2008 Inauguration du musée d'art contemporain

2009 La cathédrale de Willigis a 1000 ans

Am Rheinufer

Mit „Leben Sie Mainz“, dem aktuellen Werbeslogan, begrüßt die Stadt Mainz die Besucher der Landeshauptstadt. Vom Rheinufer aus nehmen die Stadtführer ihre Gäste in Empfang, sie führen die Besucher zu den vielen Sehenswürdigkeiten unseres „Goldenen Mainz“.

On the riverbanks of the Rhine

The advertising slogan “Leben Sie Mainz” (Live Mainz) is the welcome slogan for visitors of the federal state capital of Mainz. The city guides meet the guests on the riverbanks of the Rhine and lead them to the various places of interest of the “golden” city of Mainz.

Les bords du Rhin

«Vivez Mayence»: c'est le slogan avec lequel Mayence salue actuellement les visiteurs de la capitale du Land. Sur les bords du Rhin, les guides accueillent les touristes qu'ils emmèneront voir les nombreuses curiosités de notre «Mayence dorée».

Der Fischtorplatz

Die in die Jahre gekommene Anlage wurde vor vier Jahren neu gestaltet. Das Ergebnis kann sich sehen lassen. Der Fischtorplatz ist eine der zentralen Grünanlagen im Kern der Mainzer Altstadt. Hier findet man den Fischtorbrunnen, den zwei steinerne Kugeln mit Wasser speienden Fischen zieren. Die Mainzer nennen ihn „Quellkartoffele un Hering“.

The Fischertorplatz

The older complex was restored four years ago. The result is impressive. The Fischertorplatz is one of the central recreational parks in the centre of the historic city. This is where the “Fischtorbrunnen” is located, a fountain decorated with two rock balls and water spitting fish. People from Mainz call it “Quellkartoffele un Hering” (potato and herring).

La place Fischtorplatz

Ce jardin public qui était devenu vieillot a été réaménagé avec bonheur il y a quatre ans. La place de la Porte des Poissonniers est l’un des parcs du centre de la vieille ville de Mayence. C’est là que se dresse la fontaine de la place – ornée de deux boules de pierre surmontées d’un poisson crachant de l’eau – appelée «pommes de terre en robe des champs et hareng» par les habitants de Mayence.

Das Haus „Zum Römischen Kaiser“

Eine imposante Aufnahme. Im Hintergrund der Ostchor des Domes und rechts das Haus „Zum römischen Kaiser“. Der historische Bau des „Hauses zum römischen Kaiser“ wurde für den Großkaufmann, kurfürstlichen Rat und Rentmeister Edmund Rokoch in der zweiten Hälfte des 17. Jahrhunderts erbaut. Mit seiner aufwendigen Fassade war das Gebäude einst das reichste Bürgerhaus der Stadt.

Heute beherbergt es die Museumsverwaltung und die Dienstwohnung des Mainzer Stadtschreibers.

The house “Zum roemischen Kaiser”

This impressive picture shows the eastern choir of the Mainz Cathedral in the background and the house “Zum roemischen Kaiser” on the right. The historic building of the house “Zum roemischen Kaiser” was erected in the second half of the 17th century for Edmund Rokoch, an influential businessman, electoral advisor and bursary officer. Its elaborate face made it once the richest middle-class house of the city.

Nowadays the splendid building is domicile for the museum administration and official residence of the town chronicler of Mainz.

La maison «Zum Römischen Kaiser»

Un cliché impressionnant. Au fond, le chœur Ouest de la cathédrale et à droite la maison «Zum Römischen Kaiser». Cette maison a été bâtie dans la seconde moitié du 17ème siècle pour Edmund Rokoch, un marchand, conseiller et argentier du prince-électeur. Ce bâtiment à la façade imposante était autrefois la plus riche maison bourgeoise de la ville et abrite aujourd'hui les bureaux du musée et l'appartement de fonction de l'écrivain municipal.

Des Kaisers neue Kleider: Die denkmalgeschützte Natursteinfassade des Haus zum Römischen Kaiser wurde erfolgreich saniert. Stolz wacht Kaiser Karl VI. über den Liebfrauenplatz.

The emperor's new clothes: The listed face made of natural rock of the house “Zum roemischen Kaiser” was successfully restored. The emperor Charles VI proudly watches over the “Liebfrauenplatz”.

Les habits neufs de l'empereur: la façade classée en pierre naturelle de la maison «Zum Römischen Kaiser» a été restaurée avec succès. L'empereur Charles VI veille fièrement sur la place Notre-Dame.

Der Marktbrunnen

Der Marktbrunnen ist wohl der schönste Renaissancebrunnen Deutschlands. 1526 stiftet der Mainzer Erzbischof, Kardinal Albrecht von Brandenburg, den Mainzern diesen wunderschönen Brunnen.

The market fountain

The market fountain is one of the most beautiful fountains in Renaissance style in Germany. In 1526 the archbishop of Mainz, Cardinal Albrecht of Brandenburg, donated this resplendent fountain to the citizens of Mainz.

La fontaine du marché

La fontaine du marché est certainement la plus belle fontaine Renaissance d'Allemagne.

L'archevêque Albrecht von Brandenburg a offert cette fontaine magnifique aux habitants de Mayence en 1526.

Der Mainzer Wochenmarkt

Was ist das für ein Erlebnis an einem Vormittag über den Mainzer Wochenmarkt zu schlendern mit Blick auf den 1000-jährigen Dom. Wer ein wenig Mainzer Kultur genießen will, besucht das Gutenberg-Museum, das Museum der Weltdruckkunst oder St. Stephan mit den herrlichen Chagall-Fenstern – einmalig in Deutschland.

„Die meisten Bundeskanzler, und die, die es werden wollten, haben auf dem Platz vor dem Dom gesprochen. Hier wird Fastnacht gefeiert und hier findet der Wochenmarkt statt. Als Mainz 05 wieder in die Bundesliga aufstieg, strömten die Menschen hier zusammen und von den Domtürmen wehten die Mainzer Stadtfahnen. Wann immer man über diesen Platz geht, man trifft Freunde und Bekannte und ‚Fremde von auswärts'", so der ehemalige Ministerpräsident Bernhard Vogel.

The farmer's markets

It is an adventure to amble across the farmer's markets on a morning with a view of the cathedral of 1000 years of age. The "Gutenberg Museum", the museum of printing and art or St. Stephan with the ravishing Chagall-windows – this is culture of Mainz to experience and unique all over Germany.

"Most of the Federal Chancellors and those who want to become Federal Chancellor held a speech on the square in front of the cathedral. This is also the place where "Fastnacht" is celebrated and the farmer's markets are held. When Mainz was promoted back into the German Soccer League in 2005 people gathered on this square and the Mainz city banners were suspended from the cathedral towers. Walking across this square at anytime, one meets friends and foreigners from outside town, so the former Prime-Minister Bernhard Vogel.

Le marché hebdomadaire de Mayence

Quel plaisir de déambuler un matin au marché de Mayence avec la cathédrale vieille de 1000 ans sous les yeux ! Qui veut profiter un peu de la culture de Mayence va au musée Gutenberg, le musée mondial de l'imprimerie, ou à l'église Saint-Étienne avec les magnifiques vitraux de Marc Chagall uniques en Allemagne.

«La plupart des chanceliers – et ceux qui voulaient le devenir – ont parlé sur la place de la cathédrale. C'est ici qu'on fête le carnaval et ici qu'a lieu le marché hebdomadaire. Quand Mainz 05 est remonté en Bundesliga, c'est ici que la foule est accourue et que les drapeaux de la ville ont flotté du haut des tours de la cathédrale. Chaque fois qu'on traverse la place, on rencontre des amis, des connaissances ou des «inconnus de l'extérieur», a dit l'ancien ministre-président Bernhard Vogel.

Die Heunensäule

Vom Main an den Rhein: Nur schweren Herzens trennte sich 1975 die Stadt Miltenberg von der Säule. Kurz vor der Einweihung der Neugestaltung des Marktes gelangte die Heunensäule nach Mainz. Heute zählt sie zu den Wahrzeichen der Stadt. Die Bronzeplastik, die die Säule auf allen Seiten umfängt ist Stadtgeschichte zum Anfassen und zeigt die Römerzeit, Bischofssitz, Herrschaft der Franzosen, Könige- und Kaiserbesuche.

The Heunen Column

From the Main to the Rhine: In sadness the city of Miltenberg gave away the column in 1975. Short before the inauguration of the newly restored market square the Heunen Column was brought to Mainz. Nowadays it counts as an emblem of the city. The bronze sculpture that surrounds the column is living history of the city and shows the Roman era, the bishop's see, traces of the regency of the French and of visits of kings and emperors.

La Heunensäule

Du Main au Rhin: c'est le cœur lourd que la ville de Miltenberg s'est séparée en 1975 de sa «colonne des Géants» qui a rejoint Mayence peu de temps avant l'inauguration de la nouvelle place du Marché. C'est maintenant un des emblèmes de la ville. La plastique en bronze qui entoure la base de la colonne est une illustration tangible de l'histoire de Mayence avec l'époque romaine, le siège de l'archevêché, la domination française, les visites royales et impériales.

Der nachempfundene Helm eines römischen Legionärs erinnert an die Stadtgründung im Jahr 13 vor Christus. Vorwitzig blickt ein Fuchs aus dem Inneren, er stellt den früheren Oberbürgermeister Jockel Fuchs dar.

The copy of a helmet of a Roman legionnaire reminds of the city foundation in the 13th century BC. A fox cheekily looks out from the inside – he represents the former Lord Mayor Jockel Fuchs.

La copie d'un casque de légionnaire romain évoque la fondation de la ville en 13 av. J.-C. Le renard indiscret qui en sort symbolise l'ancien maire de la ville Jockel Fuchs.

Die neuen Markthäuser

Marode waren sie, die alten Markthäuser mit ihrer „Bappedeckelbarockfassad'". Ein zeitgemäßes, modernes Gebäudes sollte hier entstehen. Der römische Stararchitekt Massimiliano Fuksas bekam den Zuschlag für die Neugestaltung. Die Markthäuser sind sowohl architektonisch wie städtebaulich heute eine Bereicherung für unsere Stadt, doch während ihrer Entstehung erregten sich die Gemüter der Mainzer wegen der gewagten Architektur immer wieder.

The new market houses

The old market houses with their Baroque faces called "Bappedeckelbarockfassad" were dilapidated and to be replaced with a modern contemporary building. The Roman star architect Massimiliano Fuksas had been awarded the restoration. The market houses are an enrichment to the city both in an architectural way and in regards to urban development although the citizens of Mainz repetitively struggled to agree with the adventurous architectural style.

Les nouvelles maisons de la place du Marché

Les vieilles maisons de la place du Marché étaient en bien mauvais état avec leurs «façades baroques en carton-pâte». Il fallait un nouveau bâtiment et c'est au célèbre architecte romain Massimiliano Fuksas que l'on demanda de réaménager la place. Les maisons sont maintenant un enrichissement pour notre ville, tant du point de vue de l'architecture que du point de vue de l'urbanisme même si la hardiesse du projet a échauffé les esprits des Mayençais lors des travaux.

Der Dom

The Mainz Cathedral

La cathédrale

Der Westturm

Der Dom ist eine ständige Baustelle. Die Spuren der Zeit haben unseren Dom nicht unberührt gelassen. In den nächsten zehn bis fünfzehn Jahren werden Kosten in Höhe von ca. 25 Millionen Euro für Renovierungs- und Sanierungsmaßnahmen anfallen.

The western tower

The cathedral is constantly under construction. The marks of time are well visible. In the upcoming ten to fifteen years costs for renovation and restoration will accumulate to approximately 25 million Euros.

La tour de l'ouest

La cathédrale est un chantier permanent car le temps ne l'a pas épargnée. On estime à environ 25 millions d'euros le coût des mesures de remise en état du bâtiment pour les 10–15 prochaines années.

Das blaue Fenster

In der nördlichen Kapelle neben dem Marktportal wirft ein von Johannes Schreiter entworfenes Fenster blaues Licht auf das in Rot und Gelb gehaltene Altarbild des Künstlers Bernd Zimmer. Es dient als Altarbild für ein großes Kruzifix aus dem 17. Jahrhundert und wurde am 11. September 2007 im Dom eingeweiht

The blue window

Johannes Schreiter's window in the northern chapel next to the market entrance casts a blue light onto the yellow and red altarpiece made by the artist Bernd Zimmer. It is the altarpiece for an enormous crucifix of the 17th century and was inaugurated on 11 September 2007 in the cathedral.

Le vitrail bleu

Situé dans la chapelle Nord voisine du portail du Marché, le vitrail de Johannes Schreiter jette une lumière bleue sur le tableau en rouge et jaune de l'artiste Bernd Zimmer. Ce tableau d'autel devant lequel se dresse un crucifix du 17ème siècle a été inauguré le 11 septembre 2007.

Die „Schöne Mainzerin“

Ein ganz besonderer Anziehungspunkt des Domes ist der Marienaltar in einer Seitenkapelle. Der Kerzenschein vor dem Altar zieht die Dombesucher magisch an. Die Madonna, von den Mainzern liebevoll „Schöne Mainzerin“ genannt, soll zwischen 1510–1520 geschaffen worden sein, die Mainzer verehren sie, „ihre“ Madonna mit dem wallenden Haar. Das Jesuskind in ihrem Arm greift nach den Trauben in der Hand der Mutter. In der anderen Hand hält es einen Vogel in der Hand, der nach ihm pickt – ein Hinweis auf die Passion.

The “Schoene Mainzerin”

The altar of St. Mary in one of the side chapels is a special point of interest in the cathedral. The candlelight in front of the altar magically attracts visitors. The Madonna, kindly called “Schoene Mainzerin” is believed to be created between 1510–1520. The people from Mainz admire “their” madonna with her flowing hair. The Infant Jesus on her arm reaches for the grapes in her mother’s hand. In the other hand it holds a bird that pecks towards him – a hint on the passion.

La «belle Mayençaise»

L’une des attractions de la cathédrale est l’autel marial d’une chapelle latérale. La lueur du cierge devant l’autel exerce un attrait magique sur les visiteurs de la cathédrale. La madone aux cheveux ondulés, que les habitants de la ville révèrent et appellent tendrement la «belle Mayençaise», daterait des années 1510–1520. Elle porte l’enfant Jésus qui veut saisir les raisins qu’elle tient à la main. De l’autre main, il tient un oiseau qui essaie de le picoter- un motif symbolisant la Passion.

Der goldene Heiligen-schrein

Die Ostkrypta des Domes ist dem Gedenken der heiligen Männer und Frauen geweiht, die eine besondere Beziehung zum Bistum Mainz hatten. Hier befindet sich der von dem Mainzer Gold-schmied Richard Weiland geschaffene Goldene Schrein der 24 Mainzer Heiligen – ein Kunstwerk von einzigartiger Schönheit.

The holy golden shrine

The eastern crypt of the cathedral is dedicated to be a memorial to the holy people who had a special relationship toward the diocese of Mainz. This is where one can see the golden shrine of the 24 saints of Mainz made by the goldsmith Ri-chard Weiland – a masterpiece of incomparable beauty.

La châsse en or

La crypte Est de la cathédrale est consacrée à la mémoire d'hommes et de femmes qui étaient en relation étroite avec l'évêché de Mayence. C'est là que se trouve une œuvre d'art d'une beauté unique: la châsse en or des 24 saints de Mayence exécutée par l'orfèvre Mayençais Richard Wei-land.

Der Domschweizer

Für Ruhe und Ordnung im Dom sorgten traditionell die Domschweizer. In schmucker Uniform mit Hellebarde und Stab ist der Domschweizer Klaus Springer hunderte Male fotografiert worden. Freundlich, jedoch konsequent sorgt er seit mehr als 20 Jahren dafür, dass die Würde des Gotteshauses gewahrt bleibt, und dass Besucher sich angemessen benehmen.

The Domschweizer

The "Domschweizer" were the traditional guardians of peace and quiet. The "Domschweizer" Klaus Springer was photographed hundreds of times in his neat uniform, carrying a halberd and a baton. Since twenty years he is the one who, friendly but firmly, takes care of respectful behaviour in the cathedral.

Les gardes suisses de la cathédrale

Les gardes suisses de la cathédrale veillaient traditionnellement à ce que le calme et l'ordre règnent. Le garde Klaus Springer a déjà été photographié des centaines de fois dans son uniforme pimpant avec sa hallebarde. Aimable mais ferme, il veille depuis plus de 20 ans à ce que les visiteurs de la cathédrale soient conscients du lieu où ils se trouvent et se comportent convenablement.

Die Kaiserkrone zu Mainz

Anlässlich der 1000-Jahrfeier des Domes im Mai 1975 entstand im Haus der Goldschmiedekunst in Mainz nach einer Idee von Richard Weiland jun. in 4200 Arbeitsstunden diese Nachbildung der deutschen Kaiserkrone von Otto I. Das Original befindet sich in der Wiener Schatzkammer.

The emperor's crown of Mainz

On the occasion of the celebration of 1000 years of the cathedral in May 1975 this replica of the emperor's crown of Otto I was created in the goldsmith's guild house according to the plans of Richard Weiland junior in approximately 4200 hours of work.

La couronne impériale de Mayence

Cette reproduction de la couronne impériale d'Otton Ier a été exécutée à l'occasion des fêtes du millième anniversaire de la cathédrale en mai 1975. L'original de cette copie – réalisée en 4200 heures de travail à la maison de l'Orfèvrerie d'après une idée de Richard Weiland Jr. – se trouve dans la salle du trésor du palais impérial de Vienne.

Das Dom-Jubiläum

Anlässlich der 1000-Jahr-Feier des Domes 2009 wurde eine Sonderbriefmarke herausgegeben.

The anniversary of the cathedral

On the occasion of the celebration of 1000 years of the cathedral in 2009 a special stamp was published.

Le jubilé de la cathédrale

A l'occasion des fêtes du millième anniversaire de la cathédrale an 2009 un timbre de collection a été publié.

„Viele Generationen haben am Mainzer Dom gebaut. Er erschließt sich nicht auf den ersten Blick, vielmehr muss man regelrecht in seine Höhe, Tiefe und Weite hineinwachsen." (Kardinal Karl Lehmann)

Mit einem Festgottesdienst haben die Feierlichkeiten zum Jubiläum „1000 Jahre Mainzer Willigisdom" begonnen.

Wenn ein Bundespräsident und seine Gattin einen Gottesdienst im Dom besuchen, ist das ein ganz besonderes Ereignis. Da werden, was nur selten der Fall ist, die beiden bronzenen Türflügel geöffnet. Sie sind 3,70 Meter hoch und stammen noch aus der Zeit des Erzbischofs Willigis.

"Many generations have helped to build the Mainz Cathedral. It does not reveal itself at first sight, in fact one has to grow into its height, its depth and its expanse." (Cardinal Karl Lehmann)

It is a special event when the Federal President and his wife come to attend a church service. In this very rare case the two bronze wings of the entrance portal are opened. They measure 3.70 metres in height and are preserved from the times of Archbishop Willigis.

«De nombreuses générations ont participé à la construction de la cathédrale de Mayence. Elle ne se dévoile pas au premier regard ; il faut se donner la peine d'aller à la découverte de sa hauteur, de sa profondeur et de sa grandeur.» (Cardinal Karl Lehmann)

Les cérémonies du jubilé du millénaire de la cathédrale de Willigis de Mayence ont débuté par un service religieux.

Quand un président de la République et son épouse assistent à un service religieux dans la cathédrale, c'est un événement bien particulier. Les deux vantaux en bronze sont ouverts, ce qui est rarement le cas. Ils font 3,70m de haut et datent encore de l'époque de l'archevêque Willigis.

Das Rathaus

Das Rathaus am Rheinufer wurde von den dänischen Architekten Arne Jacobsen und Otto Weitling entworfen und in den 70er-Jahren gebaut und eingeweiht. Die mächtigen Sonnenschutzgitter sind die prägenden Merkmale an der Fassade des alten „Beamtengefängnis". Nun aber wackeln diese besagten Gitter bedenklich und müssen womöglich entfernt werden, was schwer sein wird, denn schon seit 2006 steht das Rathaus unter Denkmalschutz. „Fuchsbau" wird er immer noch gerne von den Mainzern nach dem damaligen Oberbürgermeister Jockel Fuchs genannt. Der Rathausplatz wurde ein Jahr nach dem Tod des ehemaligen Oberbürgermeisters 2002 in Jockel-Fuchs-Platz umbenannt.

The City Hall

The City Hall on the Riverbanks of the Rhine was designed by the Danish architects Arne Jacobsen and Otto Weitling, built and inaugurated in the 1970ies. The mighty sun protection louvres are the main features on the face of the old prison "Beamtengefaengnis". Unfortunately they slowly come undone so they might have to be removed. This could be difficult because the City Hall is a listed building since 2006. The people of Mainz still like to call it "Fuchsbau" in remembrance of the former mayor Jockel Fuchs. One year after his death, in 2002, the "Rathausplatz" was renamed into "Jockel-Fuchs-Platz".

L'hôtel de ville

L'hôtel de ville des bords du Rhin est une réalisation des architectes danois Arne Jacobsen et Otto Weitling et a été construit et inauguré dans les années 70. Les grosses grilles qui protègent sa façade du soleil sont les signes caractéristiques de la vieille «prison de fonctionnaires». Mais ces grilles sont maintenant tellement branlantes qu'il faudra peut-être même les retirer, ce qui posera un problème. En effet, le «terrier de renard» – comme les Mayençais aiment encore appeler l'hôtel de ville en souvenir de l'ancien maire Jockel Fuchs mort en 2002 – est classé depuis 2006. La place de la mairie a été rebaptisée place Jockel-Fuchs en 2003.

Der spanische Künstler Andreu Alfaro aus Valencia schuf diese Plastik aus Aluminium namens „Lebenskraft“. Die Mainzer nennen sie „Steuerschraube“.

Valencia ist seit 1978 eine von elf Mainzer Partnerstädten.

The Spanish artist Andreu Alfaro from Valencia designed this sculpture made of Aluminium called “Lebenskraft” (vitality). People from Mainz call it “Steuerschraube”.

Since 1978 Valencia is one of eleven sister cities of Mainz.

On doit cette sculpture en aluminium nommée «Force Vitale» à l’artiste espagnol de Valence Andreu Alfaro. Les Mayençais l’appellent «Vis des impôts». Valence est depuis 1978 l’une des 11 villes jumelées avec Mayence.

Die Rheingoldhalle

Die kürzlich ausgebaute Rheingoldhalle mit ihren über 7000 Quadratmetern Veranstaltungsfläche liegt direkt am Rhein und doch mitten in der Stadt. Das Hilton-Hotel und Spielbank sind unmittelbar angebunden.

The Rheingoldhalle

The recently completed "Rheingoldhalle" with a surface of 7000 metres is situated at the riverbanks of the Rhine but also in the very city centre. There is a direct connection with the Hilton-Hotel and the casino.

La Rheingoldhalle

Situé en bordure du Rhin et cependant au cœur de la ville, le palais des congrès de plus de 7000 m^2 a été récemment agrandi. Il jouxte l'hôtel Hilton et le casino.

Der Eisenturm

Der Eisenturm beherbergt heute den renommierten Kunstverein „Eisenturm Mainz“ und ist ein beliebter Ausstellungsort der Mainzer Künstler. Die Mainzer Künstler nutzen den Eisenturm gerne als Galerie- und Ausstellungsort. Wie so vieles in Mainz wurde auch der Eisenturm im Zweiten Weltkrieg stark zerstört. Ende der 50er-Jahre wurde der Turm wieder aufgebaut und mit einem neuen Dach versehen.

The Iron tower

The Iron tower is the contemporary location of the renowned “Kunstverein Eisenturm Mainz”. It is a popular site for expositions of Mainz’s artists. They like to use the tower as an art gallery. Like many other buildings the Iron Tower was heavily damaged during World War II. At the end of the 1950ies the tower was restored and received a new roof.

La tour du Fer

La tour du Fer abrite aujourd’hui l’association renommée des amis de l’art moderne de Mayence «Eisenturm Mainz» et est un endroit où les artistes de Mayence aiment exposer. Comme beaucoup d’autres édifices à Mayence, elle a été fortement endommagée pendant la Seconde Guerre mondiale. La tour a été reconstruite à la fin des années 50 et dotée d’un nouveau toit.

Der Holzturm

Vor den Toren am Rheinufer befand sich im Mittelalter der Holzmarkt von Mainz, dem der Turm seinen Namen verdankt. Ebenso wie der Eisenturm erinnert der Holzturm an die mittelalterliche Stadtmauer, er war Teil der Stadtbefestigung, diente aber auch als Gefängnis. Prominenteste Gefangene waren der Räuber Johannes Bückler, genannt Schinderhannes, und die Mitglieder seiner Bande.

The Wood tower

At medieval times there was a wood market situated at the outside of the city on the riverbanks of the Rhine which the tower is named after. Like the Iron Tower the Wood Tower reminds of the medieval city walls. It was part of the fortification of the city but served as well as prison. The most prominent prisoner was the brigand Johannes Bueckler called “Schinderhannes” and his gang members.

La tour du Fer

La tour du Fer abrite aujourd’hui l’association renommée des amis de l’art moderne de Mayence «Eisenturm Mainz» et est un endroit où les artistes de Mayence aiment exposer. Comme beaucoup d’autres édifices à Mayence, elle a été fortement endommagée pendant la Seconde Guerre mondiale. La tour a été reconstruite à la fin des années 50 et dotée d’un nouveau toit.

Das Gutenberg-Denkmal

Noch hängt er am Kran, aber er ist wieder da – Johannes Gutenberg, der berühmteste Sohn der Stadt Mainz. Knapp zwei Jahre lang war der Sockel vor dem Theater leer, nach fast 170 Jahren war die Bronzestatue dringend sanierungsbedürftig. Mit der Erfindung des Buchdrucks mit beweglichen Lettern setzte er das Fundament der modernen Medienkommunikation.

Während seiner Abwesenheit hielt am Rosenmontag ein „närrischer Gutenberg" aus Pappmaché auf dem leeren Sockel des Denkmals die Stellung.

The monument of Gutenberg

He is still suspended on a crane but he is back: Johannes Gutenberg, the celebrity son of the city of Mainz. For nearly for two years the pedestal in front of the theatre remained empty; after 170 years the bronze statue finally needed to be renovated. Due to his invention of printing with movable letters Gutenberg was the founder of modern media communication.

During his absence, every Carnival's Monday a "naerrischer Gutenberg" (clownish Gutenberg) made of paper maché replaced him on the empty pedestal.

La statue de Gutenberg

Il est encore suspendu à une grue mais il est de retour – Johannes Gutenberg, le fils le plus célèbre de la ville de Mayence. Le socle devant le théâtre est resté vide pendant presque deux ans. Après environ 170 ans, la statue de bronze avait un besoin urgent d'être restaurée. L'invention de l'imprimerie à caractères mobiles a posé les fondements de la communication moderne. Pendant le défilé du carnaval, un Gutenberg en papier mâché était posé sur le socle vide.

Das Theater

Seit der Wiedereröffnung des rund tausend Zuschauer fassenden Großen Hauses im Jahr 2001 zählt das Staatstheater Mainz zu den modernsten Theaterbauten überhaupt.

The theatre

Since reopening the "Grosses Haus" (grand house) which comprises around 1000 spectators in 2001 the "Staatstheater Mainz" is one of the most modern theatres overall.

Le théâtre

Depuis sa réouverture en 2001, la grande salle de 1000 places du théâtre national de Mayence compte parmi les plus modernes.

Die Altstadt

Sie prägen das Mainzer Stadtbild direkt im Herzen der Altstadt: die um 1450 erbauten Fachwerkhäuser „Zum Aschaffenberg" und „Zur wilden Gense". Mit großer Liebe zum Detail wurden sie von der Familie Schué aufwendig restauriert und sind heute eine Touristenattraktion.

The historic city centre

The key elements in the very city centre are the two half-timbered houses "Zum Aschaffenberg" and "Zur wilden Gense" built in 1450. Mindful about any detail they were restored by the Schué family which turned them into a tourist attraction.

La vieille ville

Au cœur de la vieille ville se dressent les maisons à colombages «Zum Aschaffenberg» et «Zur wilden Gense» qui ont été construites vers 1450 et marquent de leur empreinte la physionomie de Mayence. Restaurées avec un grand amour du détail par la famille Schué, elles attirent aujourd'hui les touristes.

Das Weinhaus Spiegel

Was für ein schönes Fotomotiv. Mitten im Herzen der Altstadt befindet sich das „Haus zum Spiegel“, es soll Ende des 17. Jahrhunderts errichtet worden sein. Nach dem Krieg zog ein Eisenwarenhändler ein, sogar eine Spielhölle war vor vielen Jahren in diesem historischen Fachwerkhaus untergebracht. Nun aber, seit mehr als 30 Jahren, lädt das gemütlichen „Weinhaus zum Spiegel“ drinnen und draußen die Gäste zum Verweilen ein. Bei einem guten Schoppen und bei typischen Mainzer Spezialitäten lässt es sich besonders an warmen Sommerabenden gut leben.

The wine house Spiegel

What a beautiful subject for a photo. In the city centre there is also the “Haus zum Spiegel”, probably built in the late 17th century. After the war the merchants of metal goods moved into this house, even a casino was situated in it years ago. Nowadays and since more than thirty years the wine house Spiegel invites the visitor to take a rest in the inside or outside area. A glass of wine and a culinary delicacy of Mainz make life worthwhile - particularly in balmy summer nights.

La taverne Spiegel

Quel beau motif photographique ! Au cœur de la vieille ville se trouve cette maison à colombages qui daterait de la fin du 17ème siècle. Après la guerre, elle a d’abord abrité une quincaillerie et il y a des années de cela, un tripot. Mais cela fait maintenant plus de 30 ans que l’agréable taverne zum Spiegel invite les clients à s’attarder à l’intérieur ou à la terrasse. Assis devant un bon verre de vin et des spécialités de la ville, il y fait bon vivre pendant les chaudes soirées d’été.

Die Augustinerkirche

In der Augustinerstraße in der Altstadt von Mainz gibt es vieles zu entdecken: kleine Läden, gemütliche Cafés oder Restaurants. Wer was Ausgefallenes sucht, findet hier beim Bummeln durch die belebte Straße bestimmt das Richtige. Der wahre Schatz dieser Straße aber ist die Augustinerkirche, auch Seminarkirche genannt. Hinter dem roten Sandsteinportal gibt ein moderner gläserner Eingang den Blick frei auf die prachtvolle Rokoko-Ausstattung.

The church of St. Augustin

There is much to discover in the church of St. Augustin, located in the city centre: small shops, cosy cafes or restaurants. Looking for the extraordinary, one will surely find the right thing while taking a stroll through the busy street. The real jewel of this street though is the church of St. Augustin, also called seminar church. Behind the red sandstone portal a modern entrance built in glass opens the view onto the splendiferous Rococo features.

L'église Saint-Augustin

Rue des Augustins, dans la vieille ville de Mayence, il y a beaucoup de choses à découvrir: des petites boutiques, des cafés ou des restaurants sympathiques. Ceux qui sont à la recherche de quelque chose d'original trouveront certainement leur bonheur lors d'une promenade à travers cette rue animée. Mais le vrai joyau de cette rue est l'église Saint-Augustin, aussi appelée l'église du Séminaire. L'entrée vitrée du portail de grès rouge laisse voir le magnifique intérieur baroque.

Der Mönchhofer Altar

Die St. Josephskapelle im Städtischen Altenheim wurde 2008 umfassend saniert und umgebaut. Sie erhielt als Dauerleihgabe des Hessischen Landesmuseums Darmstadt ein kunstgeschichtlich bedeutsames Kunstwerk, den barocken „Mönchhofer Altar“, der um 1741/42 in Mainz angefertigt wurde.

The Moenchhof altar

St. Joseph's chapel in the civic nursing home was extensively renovated and reconstructed in 2008. It received a piece of artwork of art-historical importance: the barock “Moenchshof altar”, built in 1741/42 in Mainz, is a permanent item on loan of the state museum of Darmstadt in Hesse.

L'autel de Mönchhof

La chapelle Saint-Joseph de la maison de retraite municipale a été complètement refaite en 2008. Elle abrite maintenant un prêt permanent du musée du Land de Hesse de Darmstadt: l'autel baroque de Mönchhof, une œuvre réalisée en 1741/42 à Mayence.

St. Ignaz

Die klassizistische Ignazkirche ist das markanteste Baudenkmal der südlichen Altstadt, einem Viertel der Werkstätten und Handwerkerhäuser. Aufgrund der Nähe zum Rhein siedelten hier einst Schiffer, Fischer und Fährleute.

St. Ignatz

The neo-classical church of St. Ignatz is the most outstanding construction memorial in the southern city centre, a district with workshops and tradesmen's houses. Due to its proximity to the Rhine this was the settling place for mariners, fishermen and ferrymen in former times.

Saint-Ignace

Cette église de style néoclassique est le monument le plus remarquable de ce quartier situé dans le sud de la vieille ville où l'on trouve des ateliers et des maisons d'artisans. Les premiers à s'y installer en raison de sa proximité du Rhin avaient été des bateliers, des pêcheurs et des passeurs.

Neben der Kirche befindet sich ein ehemaliger Friedhof mit der Kopie einer Kreuzigungsgruppe aus dem Jahr 1519, eine Stiftung des Mainzer Bildhauers Hans Backoffen und seiner Frau aus dem 16. Jahrhundert. Das Original wird im Bischöflichen Dom- und Diözesanmuseum aufbewahrt.

Next to the church there is the former cemetery with a replica of an ancient calvary scene of the year 1519, donated by the sculptor Hans Backoffen and his wife from Mainz in the 16th century. The original is kept in the museum of the diocese of Mainz.

À côté de l'église se trouve un ancien cimetière dans lequel se dresse la copie d'une crucifixion datant de 1519 offerte au 16ème siècle par le sculpteur Mayençais Hans Backoffen et sa femme. L'original est conservé au musée diocésain de la cathédrale.

Die Zitadelle

Neben dem Dom zu Mainz ist die Zitadelle, oberhalb des Bahnhofs gelegen, das bedeutendste historische Bauwerk und dokumentiert auf dem Jakobsberg mit ihrer Umgebung die Mainzer Militärgeschichte auf engstem Raum. Sie beherbergt das Stadthistorische Museum und den Drususstein und zieht mit ihren geheimnisvollen Gängen viele in ihren Bann. Über Pfingsten findet hier alljährlich das Open-Ohr-Festival statt.

The citadel

Beside the dome and above the train station is the citadel, the most significant historical building. In the tightest of quarters it documents the military history of Mainz on the "Jakobsberg". It is also the location of the historical city museum and the "Drususstein" and visitors are fascinated by the many mysterious corridors. During the weekend of Pentecost the yearly "Open-Ohr-Festival" is held in this place.

La citadelle

Située au-dessus de la gare, sur le mont Jakobsberg, la citadelle est le monument historique le plus important de Mayence avec la cathédrale. Ce témoin de l'histoire militaire de la ville abrite le musée d'histoire de la ville de Mayence ainsi que le cénotaphe de Drusus. Nombreux sont les visiteurs fascinés par ses passages mystérieux. Tous les ans à la Pentecôte a lieu ici le festival Open Ohr.

Das Römische Bühnentheater

In mühevoller Arbeit wurde in den vergangenen Jahren unter der Leitung von Dr. Gerd Rupprecht das römische Theater freigelegt. Mit einem Durchmesser von 116 Metern und einer Bühnenbreite von 52 Metern war es das größte römische Bühnentheater nördlich der Alpen.

The Roman theatre

During the past years a lot of effort was put into the excavation of the Roman theatre directed by Dr. Gerd Rupprecht. Its diametre measures 116 metres and a stage width of 52 metres and was the largest Roman stage theatre north of the Alps.

Le théâtre romain

Le théâtre romain a été mis à jour après des années de travail sous la direction de Gerd Rupprecht. Avec un diamètre de 116 m et une scène de 52 m de large, c'était le plus grand théâtre romain au nord des Alpes.

St. Stephan

Die Pfarrkirche St. Stephan ist eine weitere kirchenbauliche Attraktion für die Besucher von Mainz. Sie wurde 990 von Erzbischof Willigis als „Gebetsstätte des Reiches“ für den Frieden errichtet.

St. Stephan

The parish church of St. Stephan is another architectural attraction for the visitors of Mainz. It was built in 990 as a place of worship of the Reich and for peace by Archbishop Willingis.

Saint-Étienne

L'église paroissiale Saint-Étienne est une autre des attractions de Mayence.
Elle a été bâtie en 990 par l'archevêque Willigis comme «lieu de prière de l'empire» pour la paix.

2008 erhielt die Kirche St. Stephan drei neue Glocken, die nach den Patronen benannt wurden: die heilige Maria Magdalena, der heilige Stephanus und der heilige Willigis. Die Verzierungen wurden von dem Wiesbadener Künstler Eberhard Münch gestaltet. Am Jahrestag der Zerstörung der Stadt, dem 27. Februar 2009, läuteten sie erstmals. Fünf Minuten später stimmten die Glocken aller Mainzer Kirchen in das Geläut ein.

In 2008 the church received three new bells that were named after their patrons: Saint Maria Magdalena, Saint Stephanus and Saint Willigis. The ornamentation were made by the artist Eberhard Muench from Wiesbaden. On the anniversary day of the destruction of the city, the 27th February 2009 they rang for the first time. Five minutes later all other church bells joined in.

En 2008, l'église Saint-Étienne a été dotée de 3 nouvelles cloches surnommées Marie-Madeleine, Étienne et Willigis. Elles doivent leurs ornements à l'artiste de Wiesbaden Eberhard Münch et ont sonné pour la première fois le 27 février 2009, jour anniversaire de la destruction de Mayence. Elles ont d'abord carillonné seules avant d'être rejointes au bout de 5 minutes par les cloches de toutes les autres églises de la ville.

Dem Ehrenbürger von Mainz, Monsignore Klaus Mayer, hat die Stadt zu verdanken, dass St. Stephan ein einzigartiges gläsernes Kunstwerk erhalten hat, die von Marc Chagall geschaffenen Kirchenfenster. Über Jahrzehnte hinweg hat er sein Leben dem außergewöhnlichen Kunstwerk von Marc Chagall gewidmet und sich für die Versöhnung zwischen Deutschen und Franzosen, Deutschen und Russen und zwischen Christen und Juden eingesetzt.

Mainz owes it to Monsignore Klaus Mayer, the honorary citizen, that St. Stephan received a unique piece of art made of glass: The stained-glass windows designed by Marc Chagall. Throughout decades he dedicated his life to Marc Chagall's exceptional artwork and supported the reconciliation between Germany and France, Germany and Russia and between Christians and Jews.

Monseigneur Klaus Mayer est citoyen d'honneur de Mayence. C'est à lui que la ville doit une œuvre d'art unique, les vitraux réalisés par Marc Chagall. Pendant des dizaines d'années, Klaus Mayer a consacré sa vie à l'œuvre de Marc Chagall et à la réconciliation entre les Allemands et les Français, les Allemands et les Russes et entre les Chrétiens et les Juifs.

„Die Farben sprechen unser Lebensgefühl unmittelbar an, denn sie erzählen von Optimismus, Hoffnung, Freude am Leben", so Pfarrer Klaus Mayer, der in Meditationen und Büchern das Werk Chagalls vermittelt.

Die Chagall-Fenster sind die Seele von St. Stephan, sie sind für Mainz was ganz Besonderes, denn Besucher aus der ganzen Welt, man spricht von 200.000 Gästen im Jahr, pilgern hinauf auf den Stephansberg. Alle wollen die blau leuchtenden Glasfenster des Künstlers Marc Chagall sehen. Mit 177 Quadratmeter Buntglas hat Marc Chagall dem Gotteshaus sein größtes Werk der Glasmalerei hinterlassen.

"The colours are very appealing to our approach to life because they reflect optimism, hope and joy of life", said pastor Klaus Mayer who teaches Chagall's art through meditation and books. The Chagall windows are the soul of St. Stephan, they are very special to the city of Mainz and visitors come from all over the world. Annually there are 200.000 visitors on pilgrimage up to the top of the "Stephansberg".

Pour Klaus Mayer, dont les méditations et les livres ont pour thème l'œuvre de Chagall, les couleurs de l'artiste parlent d'optimisme, d'espérance et de joie de vivre. Les vitraux de Chagall sont l'âme de Saint-Étienne et quelque chose de tout à fait particulier pour Mayence car des touristes du monde entier, on en compterait 200 000 par an, viennent en pèlerinage sur le mont Stephansberg. Tous veulent voir la plus grande des œuvres sur verre de Marc Chagall, ses 177 m² de vitraux d'un bleu lumineux.

Gespannt hören die Kleinen Kardinal Lehmann beim Vorlesen in St. Stephan zu.

In fascination the children are listening to cardinal Lehmann reading in St. Stephan.

Les enfants écoutent attentivement le cardinal Lehmann leur faire la lecture dans l'église Saint-Étienne.

Der Fastnachtsbrunnen

Auf dem Schillerplatz befindet sich einer der meist fotografierten Brunnen in Mainz: der Fastnachtsbrunnen. Der Narrenturm ist fast neun Meter hoch und mehr als 200 bronzene Figuren machen auf sich aufmerksam. Der Narr, der Vater Rhein, der Mönch und der Mann mit dem Brett vor dem Kopf sind nur einige der vielen Motive, die alle mit der Mainzer Fastnachtsgeschichte zu tun haben.

The Fastnachtsbrunnen

On the "Schillerplatz" there is one of the most photographed fountains of Mainz: the "Fastnachtsbrunnen". The "Narrenturm" (tower of the fools) measures nearly nine metres of hight and is decorated with more than 200 bronze figurines. The Fool, the Father Rhine, the Monk and the Blockhead are only some of the many themes related to the history of Carnival in Mainz.

La Fontaine du Carnaval

Place Schiller se trouve l'une des fontaines les plus photographiées de Mayence: la Fontaine du Carnaval. La colonne du Bouffon, sur laquelle se remarquent plus de 200 statuettes, mesure presque 9 mètres. Le bouffon, le père Rhin et le moine ne sont que quelques-uns des motifs qui tous ont trait à l'histoire du carnaval de Mayence.

Der Osteiner Hof

Schillerplatz und Schillerstraße sind geprägt von alten Palais: dem Schönborner Hof, dem Erthaler Hof, und dem Bassenheimer Hof. Der dreiflügelige Osteiner Hof jedoch zählt zu den architektonisch schönsten in Mainz. Johann Valentin Thormann erbaute ihn 1747–1753. Heute dient das imposante Gebäude als Standortkommandantur der Bundeswehr und alljährlich treffen sich hier die Fastnachts-Korporationen, Abordnungen der Mainzer Garden, Gäste und Mainzer Narren am 11.11. um 11. 11 Uhr, um vom Balkon mit Blick auf den Fastnachtsbrunnen das närrische Grundgesetz zu verkünden.

The Osteiner Hof

Various old palaces line up along "Schillerplatz" and "Schillerstrasse": The "Schoenborner Hof", the "Ertaler Hof" and the "Bassenheimer Hof". The architecture of the three-winged "Osteiner Hof" however is the most appealing of all. It was built by Johann Valentin Thormann in 1747–1753. Today this impressive building serves as headquarters of the German armed Forces. Annually, the Fastnacht associations, the deputes of the traditional Carnival clubs, visitors and "Narren" meet around the "Fastnachtsbrunnen" on the 11 November at 11.11 am to read out the Carnival's Constitutional Law from the balcony.

Le palais Ostein

La place et la rue Schiller sont remarquables pour leurs vieux palais: le palais Schönborn, le palais Erthal et le palais Bassenheim. Mais le palais Ostein est l'un des plus beaux de Mayence. Johann Valentin Thormann a construit ce bâtiment à trois ailes entre 1747 et 1753. L'imposant édifice abrite aujourd'hui les locaux du commandement de la Bundeswehr à Mayence et c'est là que se retrouvent chaque année le 11 novembre à 11h11 corporations carnavalesques, délégations des Gardes de Mayence, invités et bouffons pour annoncer l'entrée en vigueur de la constitution carnavalesque du haut du balcon donnant sur la fontaine du Carnaval.

Das Schillerdenkmal

Das Schillerdenkmal, erschaffen vom Mainzer Bildhauer Johann Baptist Scholl, befindet sich auf der Nordseite des Schillerplatzes unter alten Kastanien.

Schiller's monument

Schiller's monument, created by Johann Baptist Scholl, sculptor of Mainz, is located on the northern side of the "Schillerplatz" underneath ancient chestnut trees.

Le statue de Schiller

Cette statue du sculpteur mayençais Johann Baptist Scholl se dresse sous les vieux marronniers du côté Nord de la place Schiller.

Das Proviantmagazin

Das Proviantmagazin ist einer der wenigen noch erhaltenen Militärbauten aus der Ära des Deutschen Bundes. Etliche Jahre stand das Gebäude leer, bis ein großer Gastronomie-Betrieb hier vor einigen Jahren wieder das Mainzer Aktien-Bier ausschenkte. Das Fastnachtsmuseum und das Deutsche Kabarettarchiv befinden sich ebenfalls hinter den dicken Mauern.

The Proviantmagazin

The "Proviantmagazin" is one of the rare conserved military buildings from times of the German Confederation. Over many years it was vacant until a couple of years ago a major catering business started to serve the "Mainzer Aktien-Bier" again. The Carnival museum and the archive of the German Cabinet are also located inside these walls.

Le Proviantmagazin

Le magasin de ravitaillement est l'un des rares édifices militaires encore conservés de l'époque de la Confédération germanique. Le bâtiment est resté longtemps vide jusqu'à ce qu'un grand restaurant s'y installe il y a quelques années et recommence à y servir la bière de Mayence. Le musée du Carnaval et les archives allemandes du cabaret sont également logés derrière ses murs épais.

Der Klepperbub

Größe: 1 Meter 60, Gewicht: 160 Kilo: Die Bronzefigur wurde 2006 anlässlich des 150. Geburtstages von der Mainzer Kleppergarde gestiftet. 1902 marschierte übrigens in der Garde ein 6-jähriger Knabe mit, der den Klepperbub literarisch verewigen sollte. Es war Carl Zuckmayer, der in seiner „Fastnachtsbeichte" dem Schnitzel-Bajazz ein Denkmal setzte.

The Klepperbub

Height: 1.6 metres, weight: 160 kilograms: This bronze statue was donated for the 150th anniversary by the "Kleppergarde" of Mainz in 2006. Incidentially in 1902 a six year old boy marched along with the guards. This would make the "Klepperbub" enter into literature. It was Carl Zuckmayer who immortalised the "Schnitzel-Bajazz" in his Carnival confession "Fastnachtsbeichte".

Le Klepperbub

Taille: 1,60m, poids: 160 kilos. Cette statue a été offerte à la ville en 2006 pour les 150 ans de la Keppergarde de Mayence. En 1902, un petit garçon alors âgé de 6 ans défilait avec la garde. C'était Carl Zuckmayer qui devait immortaliser plus tard le personnage du Schnitzel-Bajazz dans sa nouvelle «Confession de Carnaval».

Das Fastnachtsmuseum

Mainzer Fastnachtsgeschichte zum Anfassen gibt es im historischen Keller des Proviantmagazins. Hier werden dem Besucher jahrelang zusammengetragene närrische Dokumente, Fotos und Filme präsentiert. Ein Besuch lohnt sich immer, zu sehen sind außerdem Prunkuniformen und Galagarderoben von früheren Prinzenpaaren – eben alle unverzichtbaren Utensilien der „Meenzer" in der fünften Jahreszeit. Helau!

The Fastnachtsmuseum

One will find living history of the Carnival of Mainz in the historic basement of the "Proviantmagazin". Visitors can look through a variety of carnival documentation, photos and films accumulated over years. It is always worth a visit, there are also the pompous uniforms and gala outfits of former princesses and princes – anything essential a "Meenzer" cannot miss in the fifth season. Helau!

Le Musée du Carnaval

L'histoire du carnaval de Mayence est documentée dans les vieilles caves du Proviantmagazin. Les visiteurs du musée peuvent y voir des documents, des photographies et des films rassemblés au cours des ans. Cela vaut la peine de visiter le musée dans lequel on peut voir, en plus des uniformes de parade et des robes de gala des anciens «couples princiers», tous les accessoires indispensables aux Mayençais lors de la cinquième saison, celle du carnaval. Helau !

Die Christuskirche

Mitten auf der Kaiserstraße befindet sich die evangelische Christuskirche. Sie war gedacht als repräsentatives Gegengewicht zum katholischen Mainzer Dom. Die mächtige Kuppel überragt andere kleinere Kirchen und Gebäude in der Innenstadt. Wegen ihrer hervorragenden Akustik wird die Kirche auch gern für Konzerte genutzt. Traditionell findet hier zu Semesterbeginn der Universitätsgottesdienst der Johannes Gutenberg-Universität statt.

The holy church

This protestant church is located in the middle of the Kaiserstrasse and was supposed to act as a counterbalance for the Mainz Cathedral. The mighty cupola roof stands out higher than the smaller churches and buildings of the inner city. Because of its exceptional acoustics the church is often used as a concert hall. At the start of the semester it is also the location for the traditional church service of the Johannes-Gutenberg University.

L'église du Christ

Au milieu de la rue Kaiserstrasse se trouve l'église protestante du Christ conçue comme pendant à la cathédrale catholique de Mayence. Sa coupole imposante domine les autres églises et bâtiments du centre-ville. Son acoustique est excellente c'est pourquoi on aime aussi y organiser des concerts. C'est traditionnellement ici qu'a lieu au début du semestre l'office religieux de l'université Johannes-Gutenberg.

Das Kurfürstliche Schloss

Das im 17. Jahrhundert erbaute Schloss gehört zu den schönsten Renaissancegebäuden Europas. Von hier wird alljährlich die „Mutter aller Sitzungen“, die Fernsehsitzung „Mainz bleibt Mainz wie's singt und lacht“, übertragen. Acht Säle bieten Platz für bis zu 2000 Personen.

The Electoral Palace

The palace built in the 17th century is one of the most beautiful buildings in Renaissance style in Europe. It is also the location from where the annual carnival TV show “Mainz wie es singt und lacht” is broadcasted. There is room for up to 2000 spectators in eight halls.

Le château des Princes Électeurs

Ce château construit au 17ème siècle est l'un des plus beaux bâtiments Renaissance d'Europe. C'est de là qu'est retransmise chaque année la «mère de toutes les sessions», la session télévisée

«Mayence reste Mayence comme elle chante et elle rit.» Huit salles peuvent accueillir jusqu'à 2000 personnes.

Die Staatskanzlei

Die Staatskanzlei, die Peterskirche und der Landtag symbolisieren die rheinlandpfälzische Macht mit kirchlichem Segen.

The State Chancellery

The State Chancellery, St. Peter's church and the parliament are symbols of the power of Rhineland-Palatinate blessed by the church.

La Chancellerie

La chancellerie, l'église Saint-Pierre et le parlement du Land symbolisent la bénédiction par l'église de la puissance de la Rhénanie-Palatinat.

Das Deutschhaus

Der Grundstein für das barocke Palais wurde bereits vom damaligen Erzbischof von Mainz 1730 gelegt. Als Mainz zum französischen Kaiserreich gehörte, residierte Napoleon in diesem prächtigen Gebäude. Nach dem Krieg wieder aufgebaut, dient das Palais als Plenargebäude des rheinland-pfälzischen Landtags.

The German house

The corner stone for the Baroque palace was layed by the former Archduke of Mainz in 1730. In times when Mainz was part of the French empire Napoleon resided in this resplendent building. It was restored after the war and nowadays serves as the plenary hall of the parliament of Rhineland-Palatinate.

L'hôtel de l'ordre Teutonique

C'est l'archevêque de Mayence de l'époque qui posa en 1730 la première pierre de ce palais baroque. Napoléon résida dans ce magnifique bâtiment à l'époque où Mayence était française. Reconstruit après la guerre, il abrite maintenant le bâtiment de l'Assemblée du Landtag de Rhénanie-Palatinat.

Das Alte Zeughaus

Südöstlich des Kurfürstlichen Schlosses neben dem Landtag steht das vor 400 Jahren (1604–1605) erbaute Alte Zeughaus. Es wurde im Zweiten Weltkrieg stark beschädigt und brannte innen völlig aus. Zwischen 1951 und 1978 nutzte der SWR Mainz das Gebäude und strahlte von dort seine regionalen Fernseh- und Radiosendungen aus. Heute residiert hier die rheinland-pfälzische Staatskanzlei.

The arsenal

The arsenal, built 400 years ago (1604–1605) is located at the south eastern side of the Electoral Palace next to the parliament. It was severely damaged during the Second World War and completely gutted by fire. SWR Mainz used the building to broadcast their TV and radio shows. Today it is the headquarter of the State Chancellery of Rhineland-Palatinate.

L'ancien arsenal

Construit il y a 400 ans (1604–1605), l'ancien arsenal est situé au sud-est du château des Princes Électeurs, à côté du Landtag. Il a été fortement endommagé pendant la Seconde Guerre mondiale et l'intérieur ravagé par un incendie. Entre 1951 et 1978, SWR-Mayence était installé dans le bâtiment d'où il émettait ses programmes régionaux de radio et de télévision. C'est aujourd'hui le siège de la Chancellerie de Rhénanie-Palatinat.

St. Peter

Seit 1989 erstrahlt die Kirche mit den Zwiebelturmzwillingen nach mehr als zehnjähriger Restaurierung wieder im alten Glanz. Alle Herrlichkeit des Rokoko findet der Besucher in St. Peter. Viel Gold und Weiß sowie zahlreiche Kunstschätze vergangener Jahrhunderte sind in der Kirche zu bewundern.

St. Peter

After ten years of renovation and since 1989 the church with the two identical onion domes is glistening again in its renewed splendour. St. Peter reflects the entire magnificence of the Rococo era. White and golden colours are predominant in the church that provides numerous art treasures from the past centuries.

Saint-Pierre

Depuis 1989, après des travaux de restauration qui ont duré plus de 10 ans, l'église aux clochers à bulbe a retrouvé son ancien éclat. Le visiteur de Saint-Pierre retrouve là toute la splendeur du rococo. À l'intérieur de l'église on peut admirer le mélange de blanc et d'or du décor ainsi que de nombreux trésors artistiques des siècles passés.

Der Zelebrationsaltar, ausgestattet mit allerlei menschlichen Fischen, die in einem bronzenen Netz zappeln, wurde 1989 vom Pfälzer Bildhauer Gernot Rumpf geschaffen.

The celebration altar, decorated with various manlike fish caught in a net was created by the Palatine sculptor Gernot Rumpf.

Cet autel orné de toutes sortes d'hommes-poissons qui s'agitent dans un filet de bronze a été réalisé en 1989 par le sculpteur palatin Gernot Rumpf.

Alle Herrlichkeit des Rokoko scheint in St. Peter versammelt und glänzt in hellem Gold. Die katholische Kirche St. Peter gehört zu den ältesten Kirchen in Mainz. Die farbenfrohe Ausmalung des Innenraums konnte 1978–1988 durch den bayerischen Kunstmaler Karl Manninger und seinem Schüler Hermenegild Peiker originalgetreu rekonstruiert werden.

St. Peter shows the entire magnificence of the Rococo era as it shines in bright gold. The catholic church of St. Peter is one of the oldest churches of Mainz. The colourful interior decoration was restored truely to the original by the Bavarian artist Karl Manniger and his student Hermenegild Peiker.

Toute la splendeur du rococo semble rassemblée à Saint-Pierre. Cette église catholique est l'une des plus anciennes de Mayence. Entre 1978 et 1988, le peintre bavarois Karl Manninger et son élève Hermenegild Peiker ont reconstitué les fresques colorées de l'intérieur.

Das Landesmuseum

Bei strahlend blauem Himmel kommt es besonders gut zur Geltung. Dann blinkt und blitzt das goldene Ross auf dem Eingangsportal des Gebäudes, das ihm seinen Namen verdankt: die ehemalige „Golden-Ross-Kaserne“, in der heute das Landesmuseum Mainz untergebracht ist. Über sieben Jahre hat es gedauert, von der ersten Planung bis zur Fertigstellung – nun erstrahlt das Landesmuseum Mainz im neuen Glanz.

The state museum

In good weather it stands out to its best advantage. This is when the golden steed brightly reflects the light on top of the entrance portal of the building it owes its name to: The former barracks "Golden-Ross-Kaserne" are nowadays the location of the state museum of Mainz. It took more than seven years from the planning to its accomplishment but now the building looks as good as new.

Le musée du Land

Il est particulièrement bien mis en valeur quand le ciel est bleu et que scintille alors le cheval doré qui surmonte le portail d'entrée du bâtiment auquel il avait donné son nom. La «caserne du cheval d'or» abrite aujourd'hui le musée mayençais qui a retrouvé tout son éclat après des travaux de restauration qui ont duré plus de sept ans.

Die Theodor-Heuss-Brücke

Die Theodor-Heuss-Brücke in Mainz erstrahlt anlässlich der Luminale im Lichterglanz. Vor 15 Jahren wurde eine der schönsten Brücken über den Rhein nach mehr als dreijähriger Generalsanierung wieder für den Verkehr freigegeben. Rund 200.000 Fußgänger aus den Landeshauptstädten Mainz und Wiesbaden trafen sich beim Brückenfest, um diese Verbindungsachse zu feiern.

Theodor-Heuss bridge

Due to the "Luminale" the "Theodor-Heuss" bridge is illuminated brightly. Over 15 years ago one of the most beautiful bridges across the Rhine was reopened to public transport after three years of general renovation. Approximately 200.000 pedestrians from the state capitals Mainz and Wiesbaden met at the festival of the bridge in order to celebrate this uniting link.

Le pont Theodor-Heuss

Pendant la Luminale, le pont Theodor-Heuss ruisselle de lumière. L'un des plus beaux ponts sur le Rhin a été rendu à la circulation il y a 15 ans après des travaux de réfection complète qui ont duré plus de 3 ans. Environ 200 000 piétons de Mayence et de Wiesbaden se sont retrouvés à la fête du pont.

Rechts des Rheins ist auch noch Mainz, und von Kastel hat man den schönsten Blick auf Mainz. Im Sommer freuen sich auch die Kleinsten über eine Abkühlung im Rhein, dessen Wasserqualität permanent streng kontrolliert wird.

The city of Mainz spreads out onto the right side of the Rhine and the view from the castle towards the city is magnificent. During summer the children enjoy a cool-down swim in the Rhine the water quality of which is strictly under permanent control.

À droite du Rhin, c'est encore Mayence ; et c'est de Kastel qu'on a la plus belle vue sur Mayence. En été, les tout petits prennent aussi plaisir à se rafraîchir dans le Rhin dont la qualité de l'eau est constamment soumise à des contrôles sévères.

Der Rheinstrand

Wenn die Sommersonne mal eine kleine Pause macht, tut das nichts zur Sache. Das Bier schmeckt auch an trüben Tagen, der Rheinstrand auf der Mainzer Rheinseite lädt auch bei jedem Wetter zum Entspannen ein.

The Rhine beach

It is not a major problem if the summer sun takes a break. The beer tastes good on any day and the Rhine beach on the city side offers many locations to to take a rest that are suitable for any weather conditions.

La plage du Rhin

Que le soleil d'été fasse une petite pause ne change rien à l'affaire. La bière a aussi bon goût quand il fait moins beau. La plage du Rhin de la rive de Mayence invite par tous les temps à la détente.

Das Fort Malakoff

Das Hyatt-Regency-Hotel wurde in die historische Festung Fort Malakoff integriert Durch die einmalige Lage direkt am Mainzer Rheinufer, bietet das exklusivste Hotel im Stadtzentrum seinen Gästen eine rundum schöne Atmosphäre.

The fort Malakoff

The Hyatt-Regency-Hotel was integrated into the historical fort Malakoff. Due to its central location on the riverbanks of the Rhine this most exclusive hotel provides a very pleasant atmosphere to its guests.

Le fort Malakoff

L'hôtel Hyatt-Regency a été intégré au fort Malakoff. Grâce à son emplacement unique sur la rive mayençaise du Rhin, l'hôtel le plus chic de Mayence offre à ses hôtes une ambiance à tous points de vue parfaite.

Das Johannisfest

Eines der größten Volksfeste am Rhein ist die Mainzer Johannisnacht, die 1967 erstmals von der Stadt veranstaltet wurde. Etliche Bühnen rund um den Dom locken jährlich im Juni tausende Besucher in die Stadt. Die Mainzer sind stolz auf den Erfinder der Buchdruckkunst und großen Sohn der Stadt, Johannes Gutenberg, zu dessen Ehren vier Tage lang gefeiert wird.

The Johannisfest

One of the most popular festivals on the Rhine is the "Mainzer Johannisnacht" initiated in 1967 by the city council. Every year in June, various stages around the cathedral attract thousands of visitors. The people from Mainz are proud of Johannes Gutenberg, famous son of the city and inventor of the art of printing: The festival takes place over 4 days to his honour.

La fête de la Saint-Jean

Une des plus grandes fêtes populaires des bords du Rhin est la fête de la Saint-Jean organisée pour la première fois par la ville en 1967. De nombreuses scènes installées tout autour de la cathédrale attirent chaque année des milliers de visiteurs dans la ville. Les Mayençais sont fiers du plus grand fils de la ville, l'inventeur de l'imprimerie Johannes Gutenberg à qui est dédiée cette fête de 4 jours.

Die Kunsthalle

Nach dem Umbau des einstigen Kessel- und Maschinenhauses, entstand hier ein Zentrum für zeitgenössische Kunst, sind Historisches und Modernes vereint. Der um sieben Grad geneigte, smaragdgrüne Turm der neuen Kunsthalle ist sichtbares Zeichen für die Neugestaltung des Mainzer Zollhafens und dessen Umwandlung in ein Quartier für Kultur, zum Wohnen und Arbeiten.

The Kunsthalle

A renovation transformed the former cauldron and machine house into a centre for contemporary art which combines historical and modern aspects. The emerald green tower of the "Kunsthalle" bent by 7 degrees is a visible sign for the redesign and transformation of the port of Mainz into a district for cultural activities, housing and business development.

Le musée d'art contemporain

Cette ancienne chaufferie et salle des machines a été réaménagée et abrite maintenant un centre d'art contemporain dont l'architecture est un mélange d'ancien et de moderne. La tour couleur émeraude du nouveau musée est inclinée à 7% et est un signal visible du réaménagement du port douanier de Mayence devenu un quartier où espaces culturels, habitations et lieux de travail se côtoient.

Das ZDF

Für rund 30 Millionen Euro wurde auf dem Mainzer Lerchenberg ein mehr als 2600 Quadratmeter großer Komplex mit zwei digitalen Studioflächen gebaut. Auf dem Dach des neuen digitalen Nachrichtenstudios befindet sich das ZDF-Logo.

The ZDF

The building complex expands over 2600 square metres and includes two digital film-studios on the “Lerchenberg”. It was built at a cost of 30 million Euros.

ZDF

Un complexe de plus de 2600 m^2 possédant deux studios numériques a été construit sur le mont Lerchenberg pour la somme de 30 millions d’euros. On peut voir le nouveau logo de ZDF sur le toit du nouveau studio JT numérique.

Kernstück und Markenzeichen des neuen virtuellen Nachrichtenstudios des ZDF ist der Moderationstisch.

The presentation desk is the core piece and emblem of the new virtual ZDF news-studio.

Le plateau du journal télévisé de ZDF, ici avec son bureau caractéristique, a fait peau neuve.

Früh aufstehen heißt es immer wieder sonntags im Sommer für 6500 Gäste, wenn der Fernsehgarten seine Pforten öffnet. Andrea Kiewel präsentiert für Jung und Alt Musik und Gäste live aus dem Sendezentrum in Mainz.

Early birds are the 6500 visitors who come to see the show "Fernsehgarten" every Sunday during summer. Andrea Kiewel is the presenter of a music show with guests for young and old, broadcasted live from the broadcast-centre Mainz.

Le dimanche matin en été, les 6500 spectateurs de l'émission télévisée «Fernsehgarten» – qui est destinée aux petits et aux grands et présentée en direct par Andrea Kiewel – doivent se lever tôt s'ils veulent être à l'heure pour l'ouverture des portes.

Fußball in Mainz

Den begeisterten Fans des Mainz 05 fällt beim Klassenerhalt immer etwas Neues ein. Und so wurde aus der Landeshauptstadt Mainz auf dem Ortsschild auf der Theodor-Heuss-Brücke bei Nacht und Nebel eben die Fußballhauptstadt Mainz 05.

Ob Heim- oder Auswärtsspiel, wann immer es seine Zeit erlaubt ist der Bajazz alias Detlev Kühn als treues Maskottchen bei seinen 05ern.

Soccer in Mainz

The enthusiastic fans of "Mainz 05" always think up something new to support their team to stay in league. This is how, in a cloak-and-dagger operation, the state capital of Mainz turned into the soccer capital of Mainz, visible on the city sign on the "Theodor-Heuss" bridge.

No matter if home match or away game, the Bajazz alias Detlev Kuehn is the loyal mascot of "Mainz 05" whenever he has got time.

Football à Mayence

Les supporters de Mainz 05 ne sont jamais à court d'idées quand le maintien de leur équipe dans sa division est en jeu: c'est ainsi que sur le pont Theodor-Heuss, un panneau de la capitale du Land s'est vu transformé en un panneau de la capitale du football.

Qu'il s'agisse d'un match à domicile ou en déplacement, Detlev Kühn alias le Bajazz – la fidèle mascotte de Mainz 05 – est auprès de son équipe dès qu'il en a le temps.

Wirtschaftsfaktor Fußball: Das Geheimnis um das neue Mainzer Stadion ist gelüftet. Die Computersimulation zeigt die Außenansicht der Coface-Arena. „Dieses Stadion wird einzigartig in Deutschland, weil es nach englischem Vorbild gebaut wird, um möglichst viel Stimmung bei den Spielen auf den Rängen zu ermöglichen“, so der Präsident Harald Strutz bei der Grundsteinlegung.

The economic factor soccer: The secret about Mainz’s new stadium is disclosed. The computerised simulation shows the exterior view of the Coface-Arena. “This stadium will be unique in Germany because it is built according to the English model to stimulate as much ambiance as possible during matches in the seatrows”, so the president Harald Strutz at the laying of the cornerstone.

Le football facteur économique: le voile est levé sur le nouveau stade de Mayence. Une simulation sur ordinateur montre la vue extérieure de la Coface Arena. «Ce stade sera unique en Allemagne parce qu’il est bâti sur le modèle anglais afin qu’il y ait le plus d’ambiance possible dans les gradins pendant les matchs.» a déclaré le président Harald Schütz lors de la pose de la première pierre.

Man kennt sie, die „Meenzer Schwellköpp, als Symbol der Mainzer Straßenfastnacht. Zirka 7000 Euro verschlingt die Produktion der aufwändigen Figuren, sie sind 25 Kilo schwer und bereichern jeden Rosenmontagszug. Von „De Ald Schees“ bis zu „De Zaa Raffel“ hat jede der 29 Figuren einen Namen, ihre Lebensläufe verdanken die Mainzer dem Ehrenpräsidenten des Mainzer Carneval-Vereins, Dr. Rudi Henkel.

The “Meenzer Schwellkoepp” are the famous symbol of the Street Carnival of Mainz. The fabrication of these elaborate figures costs around 7000 euros – they weigh 25 kilos each and are the attraction of every Carnival’s Monday Parade. Every one of the 29 figures has got its own name – from “De Ald Schlees” to “De Zaa Raffel” they all owe their lives to Dr. Rudi Henkel, honorary president of the Carnival Association of Mainz.

Les «Meenzer Schwellköpp» sont le symbole du carnaval de Mayence. La fabrication de ces têtes géantes de 25 kilos, qui ne doivent manquer dans aucun défilé de Lundi gras, coûte environ 7000 euros. Chacune des 29 figures a un nom et, grâce au président d’honneur de l’association du carnaval de Mayence Rudi Henkel, une histoire.

Auch beim Gutenberg-Marathon mischen sich die Schwellköpp gelegentlich unter die Läufer. Nach dem Startschuss um 9.30 Uhr geht es auf einem Zwei-Runden-Kurs durch die Altstadt, die Vororte, am Rhein entlang und auch über die Rheinbrücke.

Sometimes the “Schwellkoepp” are even seen at the running event “Gutenberg-Marathon”. The starting signal at 9.30 a.m. sends the competitors onto a two lapped round course through the historical city centre, the suburbs, along the Rhine and also across the Rhine bridge.

Il arrive aussi aux Meenzer Schwellköpp de se mêler aux participants du marathon Gutenberg. Après le signal de départ donné à 9h30, les deux tours du parcours font passer les coureurs par la vieille ville, les faubourgs, les rives et le pont du Rhin.

Der Weihnachtsmarkt

Der Weihnachtsmarkt in der Landeshauptstadt gilt als einer der schönsten in Deutschland und blickt auf eine mehr als 200 Jahre alte Tradition zurück. Bereits 1788 fand in der Adventszeit der „Nikolose Markt“ statt. Heute verwandelt sich der historische Marktplatz vor dem mächtigen Dom St. Martin in der Vorweihnachtszeit in ein Lichtermeer.

The Christmas market

The Christmas market of Mainz is considered to be one of the most beautiful of Germany and looks at a tradition of over 200 years. Already in 1788 the “Nikolose Market” was held during Advent season. Nowadays during this time, the historical market square in front of the majestic cathedral St. Martin changes into a sea of lights.

Le marché de Noël

Le marché de Noël de la capitale du Land, dont la tradition remonte à plus de deux cents ans, est l’un des plus beaux d’Allemagne. En 1788 déjà se tenait le «Nikolose Markt» pendant la période de l’Avent. Aujourd’hui, la vieille place du marché au pied de l’imposante cathédrale Saint-Martin se transforme avant Noël en un océan de lumière.

Am Höfchen findet der Besucher die elf Meter hohe Weihnachtspyramide. Sie besteht aus fünf Ebenen, auf denen sich u. a. ganz besondere Mainzer Herren drehen: Johannes Gutenberg mit der Bibel in der Hand, der Stadtbaumeister mit einem Modell der Christuskirche, der Bischof von Mainz, der Schoppestecher, Det von den Mainzelmännchen, ein Ranzengardist, der Bajazz mit der Laterne, ein Läufer des Gutenberg-Marathons und ein Spieler von Mainz 05.

Next to the “Hoefchen” the visitor finds the Christmas Pyramid with eleven metres of height. It consists of five levels on which, apart from others, some very special characters of Mainz are spinning around themselves: Johannes Gutenberg holding the Holy Bible in his hands, the city’s master builder with a model of the “Christuskirche”, the Bishop of Mainz, the “Schoppstecher”, “Det von den Mainzelmaennchen”, a guardsman, the Bajazz with a lantern, a competitor of the Gutenberg-Marathon and a player of Mainz 05.

Place «Höfchen» se dresse la pyramide de Noël haute de 11 mètres sur les 5 étages de laquelle on retrouve des personnalités de la ville: Johannes Gutenberg la bible à la main, l’architecte de l’église du Christ avec un modèle de l’église, l’archevêque de Mayence, l’ «homme à la chope», Det – l’un des petits héros de dessin animé de ZDF, un garde de carnaval, le Bajazz avec sa lanterne, un coureur du marathon Gutenberg et un joueur de Mainz 05.

Der Neujahrsumzug

Diese Tradition gibt es nur in Mainz: Gardisten, Amazonen, Kadetten, Marketenderinnen und Musiker bereiten in der Innenstadt dem Neuen Jahr und der Fastnachtskampagne einen gebührenden Empfang.

New Year's Parade

This tradition only exists in Mainz: There are guardsmen, Amazons, cadets, market women and musicians welcoming the New Year and the Carnival campaign in the city centre.

Le défilé du nouvel an

Cette tradition n'existe qu'à Mayence: dans la vieille ville, gardes, amazones, cadets, vivandières et musiciens accueillent le nouvel an et la campagne du carnaval comme il se doit.

Die Prinzengarde

Wenn sich vor den historischen Gemäuern Heiliggeist wie an jedem Neujahrstag der Spielmannszug der Mainzer Prinzengarde versammelt, ist schon von weitem der „Prinzengardemarsch“, der Brucker Lagermarsch, zu hören. Im Anschluss an den ersten Umzug in der neuen Kampagne treffen sich die Abordnungen der Korporationen beim Empfang des Oberbürgermeisters im Rathaus.

The Prinzengarde

Every New Year's Day the brass band "Mainzer Prinzengarde" assembles in front of the historical buildings of "Heiliggeist" and one can hear from far the "Prinzengardemarsch", the march of the Brucker Camp. After the first parade with the new campaign the different delegations of the corporations meet for the mayor's reception at the city hall.

La garde princière

Lorsque la fanfare de la garde princière se réunit comme chaque année au nouvel an devant les vieux murs de l'hôpital du Saint-Esprit, la marche de la garde princière s'entend de loin. À la fin du premier défilé de la nouvelle campagne du carnaval, les délégations des corporations se retrouvent à la réception organisée à la mairie.